Neuropsicologia dell'attenzione 2
Disturbi sensori-motori da danno emisferico destro

PAOLO BARTOLOMEO

INDICE

1 EMIPLEGIA, EMIANOPSIA ED EMIANESTESIA

Le vie nervose sensori-motorie sono organizzate in modo lateralizzato nei due emisferi cerebrali: ogni emisfero si occupa prevalentemente del lato opposto del corpo o dello spazio.

La corteccia motoria primaria si trova sul labbro anteriore del solco centrale. Si connette con i motoneuroni spinali, che innervano i muscoli scheletrici, attraverso il tratto cortico-spinale, che attraversa la linea mediana al livello del tronco dell'encefalo (Fig. 1). Danni alla corteccia motoria o al tratto cortico-spinale prima del suo incrocio provocano tipicamente deficit motori a carico degli arti controlaterali (emiplegia). Il sistema somatosensoriale ha origine nei recettori sensoriali della pelle, che sono connessi ai nervi periferici. I nervi periferici hanno i loro corpi cellulari nei gangli delle radici dorsali ed entrano nelle colonne posteriori del midollo spinale, terminando nei nuclei gracile e cuneato del midollo spinale cervicale e del bulbo (Fig. 2). Da questi nuclei, le fibre attraversano la linea mediana nel tronco dell'encefalo e ascendono per terminare nei nuclei posteriori del talamo. Le connessioni talamo-corticali raggiungono la corteccia somatosensoriale primaria che si trova nel giro post-centrale, nella porzione anteriore del lobo parietale, e l'area somatosensoriale secondaria nel labbro superiore del solco laterale, adiacente all'insula. Danni al talamo posteriore o alle aree somatosensoriali corticali provocano disturbi della sensazione somatica controlaterale (emianestesia).

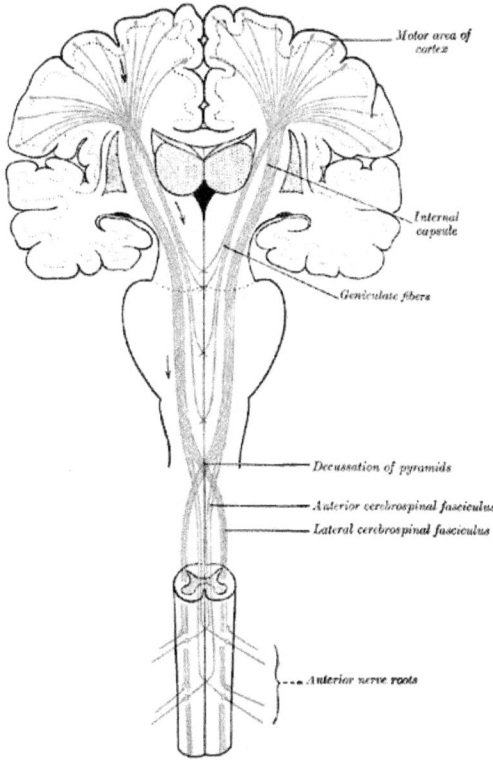

Fig. 1. Le vie motorie cortico-spinali. Da Gray, H. *Anatomy of the Human Body*. Philadelphia: Lea & Febiger, 1918; Bartleby.com, 2000. www.bartleby.com/107/.

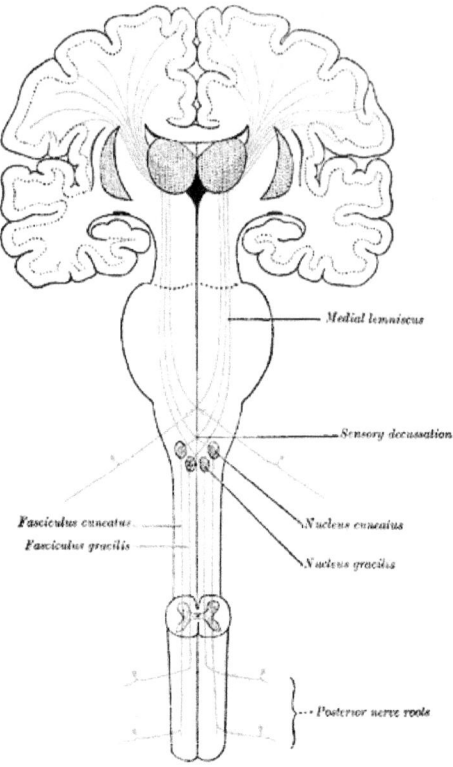

Fig. 2. Le vie somatosensoriali. Da Gray, H. *Anatomy of the Human Body*. Philadelphia: Lea & Febiger, 1918; Bartleby.com, 2000. www.bartleby.com/107/.

La Fig. 3 mostra un'immagine schematica delle vie visive dalla retina alla corteccia visiva primaria. Nella figura, la topografia dei vari tipi di perdita di visione nel campo visivo è messa in relazione ai doversi possibili livelli di lesione lungo le vie visive.

I segnali visivi elaborati dalla retina viaggiano lungo il nervo ottico, che si incrocia parzialmente a livello del chiasma ottico, in tal modo che ogni emisfero cerebrale riceve l'informazione visiva proveniente dall'emicampo visivo opposto.

Posteriormente al chiasma, le fibre nel nervo ottico (qui chiamate collettivamente tratto ottico) raggiungono la stazione di relais talamica, il corpo genicolato laterale. Posteriormente al corpo genicolato laterale, le radiazioni ottiche si espandono nella sostanza bianca dei lobi temporale e parietale per raggiungere la corteccia visiva primaria (detta anche corteccia striata, area 17 di Brodmann) nel lobo occipitale. Un danno a diversi livelli di queste vie visive provoca la perdita della visione in diversi settori del campo visivo (Fig. 3). Lesioni unilaterali posteriori al corpo genicolato, che interessano le radiazioni ottiche o la corteccia striata, producono spesso una perdita della visione nella metà o in un quarto controlaterale del campo visivo, definiti emianopsia o quadrantanopsia laterale omonima (rispettivamente destra o sinistra per lesioni dell'emisfero sinistro o destro).

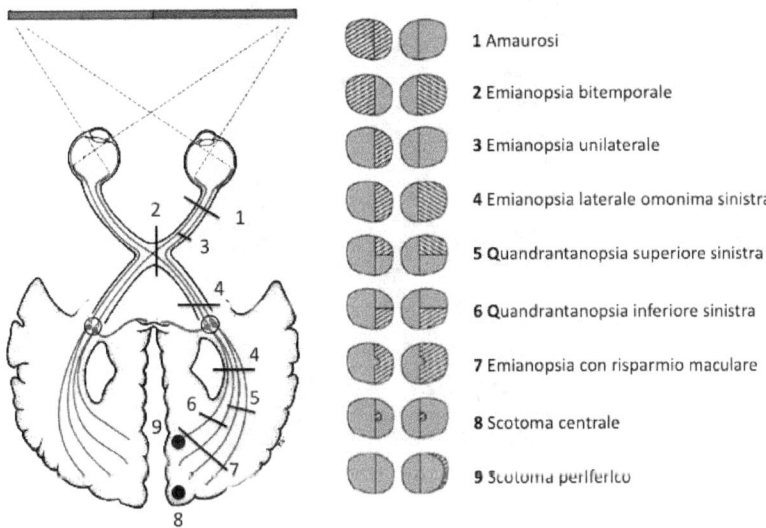

Fig. 3. Le vie visive dalla retina alla corteccia visiva primaria, con i disturbi risultanti dalla loro lesione a vari livelli. Da Bartolomeo P., Migliaccio R. I. disturbi del riconoscimento: le agnosie. In: G. Vallar C. Papagno (a cura di) *Manuale di neuropsicologia clinica ed elementi di riabilitazione*, II ed. Bologna: Il Mulino © 2011.

L'integrità dei campi visivi si esamina clinicamente con il metodo del confronto. L'esaminatore si pone di fronte al paziente con le braccia allargate e muove brevemente le dita di una o di entrambe le mani. Il paziente, con lo sguardo fisso sul naso dell'esaminatore, segnala il movimento delle dita dell'esaminatore. In caso di emianopsia, il paziente non vedrà il movimento delle dita eseguito nell'emicampo cieco. La perimetrie permette un esame più accurato dei campi visivi. Il paziente si trova di fronte a una calotta sferica bianca cava (perimetro di Goldmann, Fig. 4), con un occhio coperto. Il paziente fissa un punto centrale e viene invitato a rilevare una mira di dimensioni e intensità variabili, presentata dall'esaminatore nella periferia visiva del paziente. La procedura è oggi spesso automatizzata, con il paziente che preme un tasto quando percepisce la luce stimolo.

Fig. 4. Perimetro di Goldmann (da *Wikipedia*)

Come conseguenza dell'organizzazione anatomica delle vie sensoriali e motori, le lesioni cerebrali di tali sistemi dovrebbero produrre deficit essenzialmente controlaterali, con uguale frequenza dopo danno emisferico destro o sinistro. Tuttavia, quando Meador et al. (1988) valutarono la percezione tattile in 18 pazienti sottoposti a un esame pre-operatorio per la chirurgia dell'epilessia con iniezione di amytal sodico in una carotide (si tratta di un barbiturico che inattiva selettivamente l'emisfero ipsilaterale all'iniezione), questi autori osservarono una differenza di lato. I deficit tattili (mancato rilevamento o estinzione di stimoli controlaterali) erano più frequenti durante le iniezioni a destra che durante le iniezioni a sinistra. Sterzi et al. (1993) hanno valutato le funzioni sensori-motorie in una serie continua di 154 pazienti cerebrolesi sinistri e di 144 cerebrolesi destri. Questi autori hanno trovato che i deficit visivi e motori per la metà controlaterale del campo visivo o dell'emicorpo, così come i disturbi del senso di posizione degli arti, erano più frequenti nei cerebrolesi destri che nei cerebrolesi sinistri. Una tendenza nello stesso senso si verificava per i deficit della sensibilità dolorifica. Bisogna tuttavia notare che questo risultato potrebbe essere in parte influenzato da un *bias* di reclutamento. I pazienti con lesioni dell'emisfero sinistro relativamente minori, ma accompagnate da disturbi del linguaggio, possono essere più propensi a cercare aiuto medico rispetto ai pazienti con danno equivalente dell'emisfero destro, che potrebbero non notare i loro deficit. L'anosognosia tipica dei pazienti con lesione emisferica destra (si veda il Vol. 3 di *Neuropsicologia dell'Attenzione*) può anche contribuire alla loro incapacità di riconoscere i loro deficit. Di conseguenza, in mancanza di una valutazione del volume della lesione, i pazienti cerebrolesi destri potrebbero avere lesioni generalmente più grandi rispetto ai pazienti cerebrolesi sinistri, spiegando così l'aumento di deficit sensori-motori. Rimane tuttavia la possibilità alternativa che i deficit cognitivi specifici per lesioni dell'emisfero destro possano simulare dei deficit sensori-motori, in coerenza con i risultati di Meador et al. (1988). In accordo con questa ipotesi, un paziente con una lesione ischemica dei lobi occipitale e temporale di destra e segni clinici di emianopsia laterale omonima sinistra, migliorava notevolmente quando il suo sguardo era deviato di 30 gradi verso destra, in modo che il suo campo visivo sinistro si trovasse nella parte destra dello spazio (Nadeau and Heilman, 1991). Un'altra paziente con lesione parietale destra mostrava un'apparente emianopsia sinistra alla perimetria e segni di negligenza sinistra (si veda il Vol. 4 di *Neuropsicologia dell'Attenzione*), ma diventava capace di rilevare gli stimoli presentati nell'emicampo sinistro quando il punto di fissazione veniva rimosso prima dell'inizio dello stimolo, diminuendo così la competizione tra lo stimolo presentato a sinistra e il punto di fissazione situato alla sua destra (Walker et al., 1991). Quindi, in questo caso un deficit di tipo attentivo sembrava essere alla base dell'apparente emianopsia.

Questi casi di *pseudo-emianopsia* indicano che, nei pazienti con danno emisferico destro, i test tradizionali usati per valutare il campo visivo possono condurre a errori diagnostici, perché le risposte comportamentali dei pazienti possono essere influenzate da deficit di attenzione. Tecniche oggettive, quali i potenziali evocati, sono più adatte a discriminare tra disturbi sensoriali e cognitivi. Vallar et al. (1991) hanno registrato i potenziali evocati somatosensoriali o visivi di stimoli controlaterali e ipsilaterali alla lesione in tre pazienti con lesioni emisferiche destre e segni di negligenza sinistra e in tre pazienti con danno cerebrale sinistro e nessun segno di neglect. Tutti i pazienti avevano un'emianopsia omonima controlaterale o un'emianestesia. Tuttavia, i tre pazienti con neglect mostravano potenziali evocati normali per gli stimoli di sinistra, nonostante l'assenza di percezione cosciente o di una descrizione orale di questi stimoli. Al contrario, i tre pazienti cerebrolesi sinistri senza neglect non presentavano nessuna risposta corticale rilevabile evocata da stimoli visivi o somatosensoriali controlaterali alla lesione. Vallar et al. (1991) hanno concluso che nei pazienti cerebrolesi destri con negligenza visiva, l'emianopsia o l'emianestesia possono essere manifestazioni di negligenza, piuttosto che rappresentare un deficit sensoriale primario. Questa ipotesi può dunque spiegare la maggiore frequenza di deficit sensoriali (apparenti) in seguito a lesioni dell'emisfero destro piuttosto che sinistro. I processi attentivi potrebbero costituire il locus di danno funzionale in questi pazienti. Uno studio di risonanza magnetica funzionale (Vuilleumier et al., 2008) ha dimostrato normali risposte BOLD (si veda il Vol. 1 di *Neuropsicologia dell'Attenzione*) per gli stimoli di sinistra nella corteccia visiva di pazienti con lesioni parietali destre e negligenza sinistra. Tuttavia, le risposte agli stessi stimoli si riducevano in modo patologico all'aumento del carico attentivo nel punto di fissazione centrale. Così, i disturbi derivanti da danni alle reti cerebrali dell'attenzione (si veda il Vol. 1 di *Neuropsicologia dell'Attenzione*) possono compromettere il funzionamento di aree sensoriali primarie anatomicamente intatte.

2 ESTINZIONE PERCETTIVA

L'estinzione percettiva è stata originariamente descritta da Loeb (1885) e Oppenheim (1885). Si parla di estinzione quando un paziente è capace di rilevare uno stimolo portato sul lato controlaterale a una lesione emisferica, ma non percepisce lo stesso stimolo quando è presentato simultaneamente a un altro stimolo sul lato omolaterale alla lesione. In altre parole, è come se lo stimolo controlesionale possa essere normalmente elaborato da solo, ma in caso di stimolazione simultanea bilaterale lo stesso stimolo perda sistematicamente la competizione con lo stimolo ipsilesionale, venendo così "estinto" da esso. Questo disturbo è stato definito *estinzione* da Bender (1952), o *inattenzione sensoriale* da Critchley (1953).

L'estinzione può verificarsi per stimoli presentati in diverse modalità sensoriali: visiva (Vuilleumier e Rafal, 2000), somatosensoriale (Bartolomeo et al., 2004), acustica (De Renzi et al., 1984), olfattiva (Bellas et al., 1988), ma anche tra modalità diverse (Mattingley et al., 1997).

L'estinzione somatosensoriale si esamina chiedendo al paziente bendato di segnalare quando l'esaminatore gli tocca leggermente gli arti o le guance. È interessante notare che la posizione spaziale degli arti può influenzare il tasso di estinzione, indicando così che l'estinzione tattile non dipende solo da fattori sensoriali. In pazienti cerebrolesi destri, l'incrociamento delle mani, tale per cui ogni mano si trova sul lato opposto della linea mediana del corpo rispetto all'altra, può migliorare fino al 30% il rilevamento di stimoli portati sulla mano sinistra (Aglioti et al., 1999). Tuttavia, in un altro studio in cui i pazienti sono stati invitati a incrociare sia le braccia sia le gambe (Bartolomeo et al., 2004), l'incrocio induceva un deterioramento delle prestazioni per gli stimoli applicati alle parti del corpo di destra (a sinistra dopo l'incrociamento); il miglioramento indotto dallo spostamento a destra degli arti di sinistra era solo tendenziale. Quindi, in condizioni di alto carico attentivo, l'incrocio degli arti può compromettere il rilevamento tattile nella maggior parte dei pazienti con estinzione sinistra, e in particolare in coloro che mostrano segni di negligenza sinistra. Questi risultati sottolineano l'importanza della capacità attentive generali (si veda il Vol. 1 di *Neuropsicologia dell'Attenzione*) nel determinismo dell'estinzione tattile.

Per esaminare l'estinzione uditiva (o acustica), l'esaminatore schiocca leggermente le dita oppure avvicina un orologio che ticchetta alle orecchie del paziente. La mancanza di rilevamento del rumore controlesionale su presentazione bilaterale definisce l'estinzione uditiva. Nella modalità uditiva non è però facile discriminare tra estinzione e negligenza uditiva (Gokhale et al., 2013) (si veda anche il Vol. 4 di *Neuropsicologia dell'Attenzione*).

2.1 Allestesia

L'esame clinico può mettere in evidenza un altro fenomeno tipico delle lesioni dell'emisfero destro, chiamato *allestesia*. Nell'allestesia, uno stimolo controlaterale alla lesione cerebrale (quindi di solito portato a sinistra) viene segnalato come se fosse stato somministrato sul lato ipsilesionale (di solito a destra), che in realtà non era stato stimolato. Questo disturbo spaziale di localizzazione dello stimolo, relativamente raro, si può osservare nelle modalità somatosensoriale, visiva o acustica; tuttavia, come l'estinzione, l'allestesia può anche verificarsi tra modalità diverse, come fra tatto e udito. Per esempio, una paziente di 84 anni, con una lesione ischemica fronto-parietale destra, che mostrava segni di negligenza sinistra extrapersonale moderata e un'estinzione sinistra per stimoli visivi, uditivi e tattili, anche intermodale, riferiva spontaneamente che stimoli acustici portati sul lato sinistro erano situati vicino all'orecchio destro o alla mano destra (Ortigue et al., 2005). Ancora più raramente, il fenomeno opposto può verificarsi nell'anestesia da lesione del sistema nervoso centrale, forse senza differenze di lato emisferico. In 6 pazienti con mani rese insensibili da lesioni emisferiche unilaterali di origine vascolare o neurochirurgica, una decisa pressione sulla mano sana veniva a volte percepita come se fosse stata applicata sull'altra mano, quella insensibile (Sathian, 2000). In modo simile, i pazienti amputati con arto fantasma possono riferire all'arto fantasma un tocco portato sulla mano normale (Ramachandran et al., 1995).

2.2 Meccanismi dell'estinzione

L'estinzione e la negligenza unilaterale (descritta nel Vol. 4 di *Neuropsicologia dell'Attenzione*) sono spesso associate, perché l'estinzione (soprattutto l'estinzione visiva) è spesso presente nelle forme anche lievi di negligenza, o come deficit residuo dopo il recupero dai segni di negligenza (Robertson and Halligan, 1999). Queste somiglianze potrebbero suggerire che estinzione e negligenza condividano dei meccanismi fisiopatologici (Posner et al., 1984; Kinsbourne, 1987). Tuttavia, sembra che ci sia un certo grado di indipendenza tra i due fenomeni, poiché anche lesioni periferiche, che non interessano il sistema nervoso centrale, possono provocare l'estinzione (Heilman et al., 1993). Estinzione e negligenza possono essere presenti in maniera indipendente in alcuni pazienti, sia da un punto di vista clinico (Cocchini et al., 1999), sia in termini di localizzazioni lesionali (Bisiach et al., 1989; Vallar et al., 1994). Tuttavia , è opportuno notare che , analogamente a quanto accade per la negligenza spaziale, anche nell'estinzione la probabilità che uno stimolo sia trascurato non dipende non solo dalla sua posizione assoluta nello spazio (per esempio, nel campo visivo destro o sinistro), ma anche dalle relazioni spaziali che mantiene con lo stimolo "estintore". Anche all'interno di un singolo emicampo, uno stimolo può non essere rilevato se viene presentato a sinistra rispetto a un altro stimolo (Kinsbourne, 1977). Per esempio, un paziente con estinzione visiva sinistra studiato da Di Pellegrino e De Renzi (1995) estingueva lo stimolo più a sinistra tra due stimoli entrambi presentati nell'emispazio di sinistra, mentre percepiva sempre tutti e due gli stimoli quando erano presentati nello spazio di destra. Tuttavia, quando gli veniva chiesto di ignorare volutamente lo stimolo di destra, le estinzioni a sinistra diminuivano.

Le ipotesi esplicative dell' estinzione sottolineano spesso un problema sensoriale non abbastanza grave da compromettere la percezione dei singoli stimoli (Bender, 1952), oppure un disturbo attentivo che favorisce gli stimoli ipsilesionali rispetto agli stimoli controlaterali al lato della lesione (Critchley, 1953), o ancora la coesistenza di entrambi i meccanismi (Marzi et al., 2001). I deficit attentivi nell'estinzione visiva sono stati esplorati da Baylis, Driver e Rafal (1993), che hanno chiesto a cinque pazienti con danno cerebrale unilaterale ed estinzione visiva di localizzare e descrivere il colore e la forma di lettere presentate in uno o in entrambi i campi visivi. Alla doppia stimolazione simultanea, i pazienti tendevano a estinguere l'evento controlaterale alla lesione, ma soprattutto quando i due stimoli erano identici nella dimensione da descrivere (cioè, avevano lo stesso colore o la stessa forma). Gli autori hanno concluso che il sistema visivo elabora normalmente i colori e le forme "estinte" fino a un certo livello, anche se poi gli stimoli non sono disponibili per una descrizione verbale.

Una possibilità è che l'estinzione rifletta l'incapacità per lo stimolo controlesionale di accedere a un centro di decisione situato nell'emisfero sinistro (Marzi et al., 2001). Se è così , allora l'uso di risposte non verbali dovrebbe diminuire l'estinzione sinistra, rendendo meno importante il contributo alla risposta dell'emisfero sinistro. Questo fu in effetti il caso per una paziente con danno fronto-parietale destro (Smania et al., 1996). Questa paziente aveva un alto tasso di omissioni a sinistra su stimolazione visiva bilaterale quando rispondeva verbalmente oppure muovendo la mano destra. Tuttavia, le estinzioni a sinistra diminuirono drasticamente quando le fu chiesto di rispondere abbassando il mento o muovendo gli occhi. Queste risposte non verbali sono basate su un'attività muscolare bilaterale, organizzata su entrambi gli emisferi.

I deficit attentivi nell'estinzione potrebbero riflettere un alterato processo di individuazione dell'oggetto percettivo specifico (*token*) (Vuilleumier, 2013); a causa di questo deficit, uno stimolo non potrebbe essere identificato come un oggetto particolare che si presenta in un momento e in un luogo specifico (si veda Kahneman et al., 1992). Il lobulo parietale inferiore di destra potrebbe svolgere un ruolo importante in questo processo, forse integrando l'attività nelle vie visive corticali dorsale e ventrale (Vuilleumier, 2013), rispettivamente dedicate all'attenzione spaziale e ai processi percettivi (si veda il Vol. 1 di *Neuropsicologia dell'Attenzione*). In modo coerente con questa proposta, Vuilleumier e Rafal (2000) hanno descritto pazienti con estinzione visiva che erano in grado di *enumerare* quegli stessi stimoli multipli e simultanei che non riuscivano a descrivere. In questo caso, si è ipotizzato che l'enumerazione non richieda l'attenzione ai singoli stimoli, ma abilità che richiedono meno attenzione, come il cosiddetto *subitizing* (cioè la capacità di valutare rapidamente il numero di oggetti in piccoli insiemi senza contarli).

2.3 Attenzione e estinzione

Esiste una possibile relazione fisiopatologica tra estinzione e negligenza (si veda il Vol. 4 di *Neuropsicologia dell'Attenzione*), basata sul fatto che una componente dell'attrazione magnetica dell'attenzione verso lo stimolo che si trova nello stesso lato della lesione può contribuire al fenomeno dell'estinzione (Gainotti et al., 2008). In effetti, per osservare il fenomeno dell'attrazione magnetica dello sguardo (descritta nel Vol. 4 di *Neuropsicologia dell'Attenzione*), c'è bisogno di presentare uno stimolo nello stesso lato della lesione cerebrale, proprio come nel caso dell'estinzione. In accordo con queste nozioni, l'esplorazione dei correlati elettrofisiologici dell'estinzione visiva sinistra in un paziente con una lesione nell'emisfero destro dimostrava per gli stimoli estinti un'assenza selettiva delle componenti P1 (80-120 ms) e N1 (140-180 ms) dei potenziali evocati, associate all'attenzione (Marzi et al., 2000).

Inoltre, danni ai siti della corteccia parietale posteriore associati all'attenzione sono stati identificati come correlati lesionali dell'estinzione visiva. In particolare, la giunzione temporo-parietale appare spesso lesionata in questi pazienti (Karnath et al., 2003; Molenberghs et al., 2012). Grazie al paradigma di tempi di risposta di Posner (si veda il Vol. 1 di *Neuropsicologia dell'Attenzione*), Friedrich et al. (1998) hanno dimostrato la presenza di un comportamento dei tempi di risposta che ricordava l'estinzione (tempi di risposta molto lenti per stimoli presentati a sinistra preceduti da un sengale a destra) in pazienti con danni della giunzione temporo-parietale, ma non in pazienti con lesioni parietali più dorsali.

Uno studio anatomico e di neuroimmagini (Gillebert et al., 2011) su pazienti con danni parietali, che includeva due pazienti con danni parietali sinistri e destri, rispettivamente, indicava invece un ruolo della lesione del solco intraparietale, senza il coinvolgimento di siti più ventrali come la giunzione temporo-parietale. Tuttavia, nel caso di lesione del solco intraparietale, l'estinzione controlaterale era presente dopo lesioni dell'emisfero destro o sinistro, senza preferenza di lato.

Il ruolo critico dei deficit attentivi nell'estinzione è ahce confermato da studi di risonanza magnetica funzionale che mettono a confronto le risposte del cervello agli stessi stimoli controlesionali quando sono presentati unilateralmente e quindi correttamente percepiti, oppure insieme a uno stimolo ipsilesionale concomitante e, di conseguenza, non riportati. Questi studi rivelano in modo consistente che le aree sensoriali primarie si attivano normalmente per gli stimoli estinti nella modalità visiva (Vuilleumier et al., 2001), come nella modalità somatosensoriale (Beversdorf et al., 2008). Il problema non è quindi, in questi casi, sensoriale e può invece essere riferito a un deficit attentivo.

3 NEGLIGENZA MOTORIA

Nel suo fondamentale trattato sui lobi parietali, Macdonald Critchley elenca le caratteristiche principali che fanno pensare che il lobo parietale sia compromesso in caso di emiparesi (Critchley, 1953). Il primo sintomo menzionato è "una povertà di movimento più evidente di quella che potrebbe essere spiegata sulla base della paralisi". Una diminuzione dell'attività motoria, che non può essere spiegata da un danno diretto al sistema motorio, è stata descritta e definita *negligenza motoria* da Laplane e Degos (1983).

In contrasto con i disturbi motori direzionali come l'ipokinesia direzionale (descritta nel Vol. 4 di *Neuropsicologia dell'Attenzione*), nella quale la compromissione interessa i movimenti diretti verso sinistra indipendentemente dall'effettore usato, nella negligenza motoria i pazienti sono riluttanti a usare i loro arti di sinistra, indipendentemente dalla parte di spazio extrapersonale in cui il movimento dovrebbe essere eseguito (sinistra o destra). È importante notare che la negligenza motoria non dipende da deficit della forza muscolare. Nella sua forma pura, che occorre raramente, il paziente agisce come se fosse emiplegico; tuttavia, con un forte incentivo, riesce a mobilitare gli arti controlesionali con una forza quasi normale. Nella descrizione iniziale (Laplane e Degos, 1983), si menzionavano anche un rallentamento dei gesti, una perdita delle reazioni posturali e delle risposte di evitamento verso stimoli nocivi. La negligenza motoria si può osservare in assenza di negligenza spaziale (Barbieri e De Renzi, 1989). Il fenomeno della negligenza motoria sembra simile a quello dell'*estinzione motoria*, caratterizzata da un'akinesia che si verifica solo nel caso in cui i soggetti debbano compiere movimenti simultanei di entrambe le mani (Valenstein e Heilman, 1981).

I pazienti con negligenza motoria sembrano non avere voglia di iniziare movimenti con gli arti controlaterali alla lesione cerebrale. La negligenza motoria è caratterizzata dalla perdita dell'utilizzazione spontanea dell'arto di un lato, in assenza di deficit di forza, riflessi o sensibilità. Le relazioni funzionali e lesionali con la negligenza visiva sono al momento incerte. La negligenza motoria riveste una chiara rilevanza clinica, visto che i pazienti si possono comportare come se fossero emiplegici senza avere un deficit motorio primario. Per esempio, i pazienti con negligenza motoria possono inciampare nel loro piede trascurato o sedersi sulla loro mano.

Uno dei primi casi di negligenza motoria fu descritto da Garcin et al. (1938). Come conseguenza di un glioblastoma nella regione temporoparietale destra (Fig. 5A), questo paziente mostrava un deficit dell'iniziativa motoria nel braccio e la mano sinistra in assenza di elementari deficit motori. C'era un deficit della sensibilità profonda con una sensibilità superficiale preservata. Nonostante l'assenza di deficit motori elementari, non poteva restare in piedi senza aiuto, perché la sua gamba sinistra tendeva a cedere (Fig. 5B). Se disteso a letto, dimenticava di stendere la gamba sinistra (Fig. 5C). Considerava anche erroneamente come sua la mano di un'altra persona messa di fronte a lui. La sola cosa che lo sconcertava era che quella mano potesse muoversi, visto che era convinto che la sua mano sinistra fosse paralizzata.

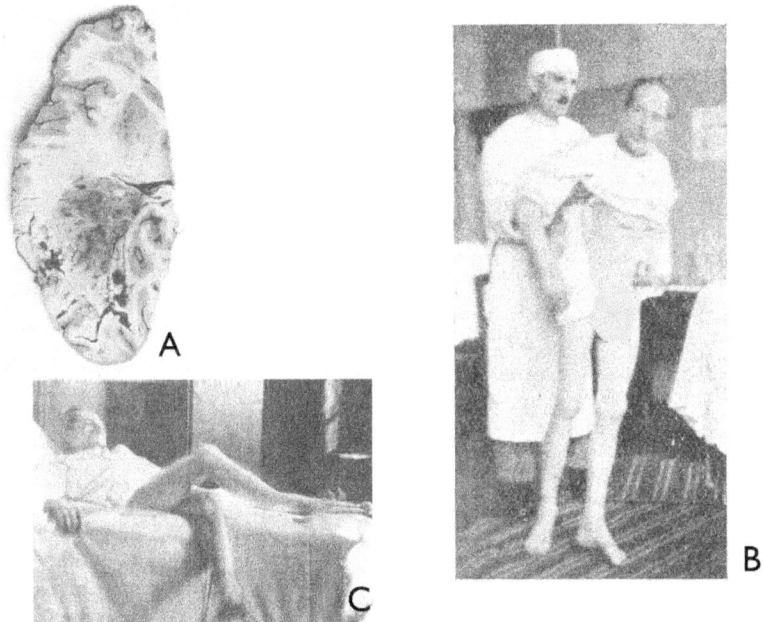

Fig. 5. Il paziente con negligenza motoria descritto da Garcin et al. (1938).

4 PARALISI CONIUGATA DELLO SGUARDO

Nella fase acuta, spesso i pazienti con estesi ictus dell'emisfero sinistro si trovano a letto con gli occhi e la testa girati verso destra. Si dice che questi pazienti "guardano le loro lesioni cerebrali" (Larner 2010). Questa "paralisi" (deviazione tonica) dello sguardo è anche conosciuta come segno di Prévost o di Vulpian. I pazienti tipicamente non rispondono se viene loro rivolta una domanda da sinistra, anche se sollecitati a farlo. La tendenza all'orientamento verso destra è a tal punto compulsiva e pervasiva che in questa fase è solitamente impossibile somministrare test neuropsicologici.

Nei libri di testo di neurologia, la paralisi coniugata dello sguardo verso l'emisfero lesionato è spesso considerata un risultato delle lesioni dei campi oculomotori frontali di destra o di sinistra, senza preferenze di lato. Tuttavia, uno studio sistematico di De Renzi et al. (1982) su 436 pazienti consecutivi con danno cerebrale unilaterale ha dimostrato la falsità di questa nozione. Questi autori osservarono una paralisi dello sguardo in 120 pazienti, che avevano in generale compromissioni neurologiche più severe e mortalità più alta. Tuttavia, contrariamente all'opinione diffusa, la paralisi coniugata dello sguardo dipendeva anche dal lato e dal sito della lesione. Era più frequente, severa e duratura in pazienti con danno cerebrale destro. Inoltre, era prevalentemente associata a lesioni post-Rolandiche in pazienti con un danno cerebrale destro; nei cerebrolesi sinistri, c'era invece spesso un coinvolgimento dell'intero territorio di distribuzione dell'arteria cerebrale media. Tutti i pazienti con danno cerebrale sinistro che avevano segni di paralisi dello sguardo al momento dell'esame medico mostravano anche segni di negligenza sinistra (si veda il Vol. 4 di *Neuropsicologia dell'Attenzione*). C'erano peraltro 15 pazienti che non mostravano paralisi dello sguardo, e, nonostante questo, esibivano segni di negligenza. Gli autori osservarono anche la presenza di una marcata paralisi dello sguardo in pazienti comatosi. Quindi, la paralisi coniugata dello sguardo sembra essere una conseguenza di una compromissione delle regioni post-Rolandiche dell'emisfero destro e spesso è associata con disturbi che comprendono una spiccata componente attentiva, come la negligenza visuospaziale (si veda il Vol. 4 di *Neuropsicologia dell'Attenzione*).

5 ATTRAZIONE "MAGNETICA" DELLO SGUARDO

Dopo qualche giorno dall'ictus, i pazienti solitamente recuperano l'abilità di mantenere testa e sguardo in posizione centrale. Tuttavia, la mera apparizione di un qualsiasi oggetto visivo a destra o in entrambi i lati può indurre un orientamento della testa e degli occhi del paziente verso l'oggetto presentato a destra. Per esempio, non appena l'esaminatore protende le sue mani per valutare il campo visivo con la tecnica del confronto (si veda la descrizione dell'esame clinico del campo visivo nella sezione 1), il paziente sposta subito lo sguardo verso la mano alla sua destra ("attrazione magnetica" dello sguardo, Gainotti et al., 1991). L'attrazione automatica dello sguardo verso gli stimoli ipsilaterali alla lesione, originariamente descritta da Fisher (1956) e definita "attrazione magnetica dello sguardo" da Cohn (1972), consiste dunque nella tendenza a orientare spontaneamente lo sguardo verso destra non appena l'esaminatore alza le sue mani nei campi visivi dei pazienti e ancora prima che l'esaminatore muova le sue mani per sollecitare l'attenzione del paziente. La deviazione tonica della testa e degli occhi verso il lato opposto all'emiplegia e l'attrazione automatica dello sguardo da parte dello stimolo che appare sul lato ipsilaterale alla lesione si osservano più spesso dopo una lesione destra che sinistra e sono intimamente associate con forme severe di negligenza (De Renzi et al., 1982; Gainotti et al., 1991). Friedland e Weinstein (1977) consideravano l'attrazione magnetica come l'analogo oculomotorio dell'estinzione visiva. Soggetti sani possono comportarsi in un modo simile quando il loro sguardo è involontariamente attratto dalla comparsa improvvisa di uno stimolo periferico irrilevante; essi possono effettuare un movimento saccadico verso il distrattore senza saperlo (Theeuwes et al. 1998), un fenomeno talvolta chiamato come "riflesso di prensione visivo".

6 CONCLUSIONI: (APPARENTI) DEFICIT SENSORI-MOTORI DOPO DANNO EMISFERICO DESTRO

In alcuni pazienti, lesioni dell'emisfero destro inducono deficit sensorimotori apparenti. Questi includono la pseudo-emianopsia (Kooistra e Heilman, 1989), i cui i pazienti non riescono a riconoscere la presenza di stimoli isolati a sinistra (anche in assenza di stimoli che competono da destra); un'apparente emianestesia (Vallar et al., 1991), con la compromissione della percezione di stimoli tattili isolati a sinistra; oppure anche una forma di apparente emiplegia come la negligenza motoria. I deficit legati al corpo che possono verificarsi dopo una compromissione cerebrale destra (si veda anche il Vol. 3 di *Neuropsicologia dell'Attenzione*) sono riassunti nella Tabella 1. Quindi, prima di concludere che si trovi di fronte a un genuino deficit sensoriale o motorio elementare, il clinico dovrebbe considerare la possibilità che questi deficit siano in realtà la conseguenza di compromissioni di un livello di elaborazione più "cognitivo", specialmente a seguito di lesioni dell'emisfero destro.

Tabella 1. Deficit cognitivi associati al corpo determinati da danni cerebrali, in ordine approssimativo di rilevanza clinica

Condizione	Caratteristiche	Lesioni Associate
Anosognosia	Inconsapevolezza del disturbo (tipicamente di emiplegia sinistra). Può assumere la forma minore di anosodiaforia o mancanza di preoccupazione per il deficit.	Insula destra e adiacenti strutture sottocorticali, corteccia premotoria, giro cingolato dorsale, giunzione temporo-parietale e strutture mediali temporali (ippocampo e amigdala).
Negligenza motoria	Mancanza di volontà a iniziare movimenti con gli arti controlaterali alla lesione cerebrale.	Incerte; aree motorie supplementari e pre-supplementari?
Asomatognosia	Negazione di possedere gli arti sinistri, talvolta accompagnata da aspetti deliranti (somatoparafrenia).	Estese lesioni fronto-temporoparietali nell'emisfero destro. Giro sopramarginale del lobulo parietale inferiore e materia bianca sottostante. Insula, gangli basali, talamo, materia bianca sottocorticale, o nel territorio dell'arteria cerebrale anteriore (giro cingolato, area motoria supplementare, ginocchio del corpo calloso).
Misoplegia	Disprezzo, avversione e ostilità verso il lato sinistro del corpo.	Lobo parietale destro.
Xenomelia	Sensazione di non possedere un arto, che si chiede di amputare.	Nessun danno cerebrale acquisito; segni di diminuzione dello spessore corticale o della superficie del lobulo parietale superiore, cortecce somatosensoriali, lobulo parietale inferiore e insula anteriore.
Arti fantasma soprannumerari	Sensazione che siano presenti uno o più arti soprannumerari.	Lesioni estese nell'emisfero destro che includono la giunzione temporo-parietale e i gangli basali.

Allucinazioni autoscopiche	I pazienti percepiscono un'immagine falsa del proprio corpo senza identificarsi nel corpo oggetto dell'allucinazione.	Corteccia visiva extrastriata, più frequentemente nell'emisfero destro.
Esperienze fuori dal corpo	Vedere un altro corpo uguale al proprio da una prospettiva elevata.	Giunzione temporo-parietale destra.
Autoscopia	Identificazione di sé con un altro corpo uguale al proprio, duplicazione dell'esperienza soggettiva del mondo.	Lobo temporale, insula nell'emisfero sinistro.
Emipreoccupazione ("hemiconcern") acuta	Eccesso di cura verso gli arti di sinstra, con continue esplorazioni e manipolazioni, durante i primi giorni dopo un ictus emisferico destro.	Giro postcentrale, giro temporale superiore e mediale, parte anteriore del giro parietale inferiore e giro sopramarginale dell'emisfero destro.

PAOLO BARTOLOMEO

7 LETTURE CONSIGLIATE

Bender MB. *Disorders in perception.* Springfield, Ill.: Thomas; 1952.

Brozzoli C, Dematte ML, Pavani F, Frassinetti F, Farné A. Neglect and extinction: within and between sensory modalities. *Restor Neurol Neurosci* 24:217-232, 2006.

Driver J, Mattingley JB, Rorden C, & Davis G. Extinction as a paradigm measure of attentional bias and restricted capacity following brain injury. In: P Thier; HO Karnath, editors. *Parietal Lobe Contributions to Orientation in 3D-Space.* Heidelberg: Springer-Verlag; 1997; p. 401-29.

Vuilleumier P. Mapping the functional neuroanatomy of spatial neglect and human parietal lobe functions: Progress and challenge. *Annals of the New York Academy of Sciences*, 2013.

8 BIBLIOGRAFIA

Aglioti S, Smania N, Peru A (1999) Frames of reference for mapping tactile stimuli in brain-damaged patients. Journal of Cognitive Neuroscience 11:67-79.

Barbieri C, De Renzi E. Patterns of neglect dissociation. Behav Neurol. 1989;2:13–4.

Bartolomeo P, Migliaccio R. I disturbi del riconoscimento: le agnosie. In: Vallar G, Papagno C, editors. Manuale di neuropsicologia clinica ed elementi di riabilitazione. 2nd ed. Bologna: Il Mulino; 2011.

Bartolomeo P, Perri R, Gainotti G (2004) The influence of limb crossing on left tactile extinction. Journal of Neurology, Neurosurgery and Psychiatry 75:49-55.

Baylis GC, Driver J, Rafal RD (1993) Visual extinction and stimulus repetition. Journal of Cognitive Neuroscience 5:453-466.

Bellas DN, Novelly RA, Eskenazi B, Wasserstein J (1988) The nature of unilateral neglect in the olfactory sensory system. Neuropsychologia 26:45-52.

Bender MB (1952) Disorders in perception. Springfield, Ill.: Thomas.

Beversdorf DQ, Hughes JD, Heilman KM. Functional MRI of the primary somatosensory cortex in extinction to simultaneous bilateral tactile stimuli due to right temporal lobe stroke. Neurocase. 2008;14:419–24.

Bisiach E, Vallar G, Geminiani G (1989) Influence of response modality on perceptual awareness of contralesional visual stimuli. Brain 112 (Pt 6):1627-1636.

Cocchini G, Cubelli R, Della Sala S, Beschin N (1999) Neglect without extinction. Cortex 35:285-313.

Cohn R. Eyeball movements in homonymous hemianopia following simultaneous bitemporal object presentation. Neurology. 1972;22:12–4.

Critchley M (1953) The Parietal Lobes. New York: Hafner.

De Renzi E, Colombo A, Faglioni P, Gibertoni M. Conjugate gaze paresis in stroke patients with unilateral damage: an unexpected instance of hemispheric asymmetry. Arch Neurol. 1982;39:482–6.

De Renzi E, Gentilini M, Pattacini F (1984) Auditory extinction following hemisphere damage. Neuropsychologia 22:733-744.

Di Pellegrino G, De Renzi E (1995) An experimental investigation on the nature of extinction. Neuropsychologia 33:153-170.

Fisher M. Left hemiplegia and motor impersistence. J Nerv Ment Dis. 1956;123:201–18. Friedland RP, Weinstein EA. Hemi-inattention and hemisphere specialization: introduction and historical review. In: Weinstein EA, Friedland RP, editors. Hemi-inattention and hemisphere specialization. New York: Raven Press; 1977.

Friedrich FJ, Egly R, Rafal RD, Beck D. Spatial attention deficits in humans: a comparison of superior parietal and temporal-parietal junction lesions. Neuropsychology. 1998;12:193–207.

Gainotti G, D'Erme P, Bartolomeo P. Early orientation of attention toward the half space ipsilateral to the lesion in patients with unilateral brain damage. J Neurol Neurosurg Psychiatry. 1991;54:1082–9.

Gainotti G, Bourlon C, Bartolomeo P. La négligence spatiale unilatérale. In: Lechevalier B, Viader F, Eustache F, editors. Traité de neuropsychologie clinique. Bruxelles/Paris: De Boeck/INSERM; 2008. p. 627–49.

Garcin R, Varay A, Hadji-Dimo. Document pour servir à l'étude des troubles du schéma corporel (sur quelques phénomènes moteurs, gnosiques et quelques troubles de l'utilisation des mem- bres du côté gauche au cours d'un syndrome temporo-pariétal par tumeur, envisagés dans leurs rapports avec l'anosognosie et les troubles du schéma corporel). Revue Neurologique (Paris). 1938;69:498–510.

Gillebert CR, Mantini D, Thijs V, Sunaert S, Dupont P, Vandenberghe R. Lesion evidence for the critical role of the intraparietal sulcus in spatial attention. Brain. 2011;134:1694–709.

Gokhale S, Lahoti S, Caplan LR (2013) The neglected neglect: auditory neglect. JAMA Neurology 70:1065-1069.

Heilman KM, Watson RT, Valenstein E (1993) Neglect and related disorders. In: Clinical Neuropsychology, 3rd Edition (Heilman KM, Valenstein E, eds), pp 279-336. New York: Oxford University Press.

Kahneman D, Treisman A, Gibbs BJ (1992) The reviewing of object files: object-specific integration of information. Cognitive Psychology 24:175-219.

Karnath H-O, Himmelbach M, Kuker W. The cortical substrate of visual extinction. NeuroReport. 2003;14:437–42.

Kinsbourne M (1977) Hemi-neglect and hemisphere rivalry. In: Hemi-Inattention and Hemisphere Specialization (Weinstein EA, Friedland RP, eds), pp 41-49. New York: Raven Press.

Kinsbourne M (1987) Mechanisms of unilateral neglect. In: Neurophysiological and Neuropsychological Aspects of Spatial Neglect (Jeannerod M, ed), pp 69-86. Amsterdam: Elsevier Science Publishers.

Kooistra CA, Heilman KM. Hemispatial visual inattention masquerading as hemianopia. Neurology. 1989;39:1125–7.

Laplane D, Degos JD. Motor neglect. J Neurol Neurosurg Psychiatry. 1983;46:152–8.Larner AJ. A dictionary of neurological signs. 3rd ed. New York: Springer; 2010.

Loeb J (1885) Die elementaren Stoerungen einfacher Functionen nach oberflachlicher umschriebener Verletzung des Grosshirns Plugers. Archives Physiologie 37:51-56.

Marzi CA, Girelli M, Miniussi C, Smania N, Maravita A. Electrophysiological correlates of conscious vision: evidence from unilateral extinction. J Cogn Neurosci. 2000;12:869–77.

Marzi CA, Girelli M, Natale E, Miniussi C (2001) What exactly is extinguished in unilateral visual extinction? Neurophysiological evidence. Neuropsychologia 39:1354-1366.

Mattingley JB, Driver J, Beschin N, Robertson IH (1997) Attentional competition between modalities: extinction between touch and vision after right hemisphere damage. Neuropsychologia 35:867-880.

Meador KJ, Loring DW, Lee GP, Brooks BS, Thompson EE, Thompson WO, Heilman KM (1988) Right cerebral specialization for tactile attention as evidenced by intracarotid sodium amytal. Neurology 38:1763-1766.

Molenberghs P, Sale MV, Mattingley JB. Is there a critical lesion site for unilateral spatial neglect? A meta-analysis using activation likelihood estimation. Front Hum Neurosci. 2012;6:78.

Nadeau SE, Heilman KM (1991) Gaze-dependent hemianopia without hemispatial neglect. Neurology 41:1244-1250.

Oppenheim H (1885) Ueber eine durch eine klinische bisher nich verwertete Untersuschungmethode ermittelte Form der Sensibitatsstoerung bei einsetigen Erkrankunger des Grosshirns. Neurologische Zentralblatt 4:529-533.

Ortigue S, Jabaudon D, Landis T, Michel CM, Maravita A, Blanke O (2005) Preattentive interference between touch and audition: a case study on multisensory alloesthesia. NeuroReport 16:865-868.

Posner MI, Walker JA, Friedrich FJ, Rafal RD (1984) Effects of parietal injury on covert orienting of attention. Journal of Neuroscience 4:1863-1874.

Ramachandran VS, Rogers-Ramachandran D, Cobb S (1995) Touching the phantom limb. Nature 377:489-490.

Robertson IH, Halligan P (1999) Spatial Neglect: A Clincal Handbook for Diagnosis and Treatment. Hove: Psychology Press.

Sathian K (2000) Intermanual referral of sensation to anesthetic hands. Neurology 54:1866-1868.

Smania N, Martini MC, Prior M, Marzi CA (1996) Input and response determinants of visual extinction: A case study. Cortex 32:567-591.

Sterzi R, Bottini G, Celani MG, Righetti E, Lamassa M, Ricci S, Vallar G (1993) Hemianopia, hemianaesthesia, and hemiplegia after right and left hemisphere damage. A hemispheric difference. Journal of Neurology, Neurosurgery and Psychiatry 56:308-310.

Theeuwes J, Kramer AF, Hahn S, Irwin DE. Our eyes do not always go where we want them to go: capture of the eyes by new objects. Psychol Sci. 1998;9:379–85.

Valenstein E, Heilman KM. Unilateral hypokinesia and motor extinction. Neurology. 1981;31:445–8.

Vallar G, Sandroni P, Rusconi ML, Barbieri S (1991) Hemianopia, hemianesthesia, and spatial neglect: A study with evoked potentials. Neurology 41:1918-1922.

Vallar G, Rusconi ML, Bignamini L, Geminiani G, Perani D (1994) Anatomical correlates of visual and tactile extinction in humans: A clinical CT scan correlation study in man. Journal of Neurology, Neurosurgery and Psychiatry 57:464-470.

Vuilleumier P (2013) Mapping the functional neuroanatomy of spatial neglect and human parietal lobe functions: Progress and challenge. Annals of the New York Academy of Sciences 1296:50-74.

Vuilleumier PO, Rafal RD (2000) A systematic study of visual extinction. Between- and within-field deficits of attention in hemispatial neglect. Brain 123 (Pt 6):1263-1279.

Vuilleumier P, Sagiv N, Hazeltine E, Poldrack RA, Swick D, Rafal RD, Gabrieli JD. Neural fate of seen and unseen faces in visuospatial neglect: a combined event-related functional MRI and event-related potential study. Proc Natl Acad Sci U S A. 2001;98:3495–500.

Vuilleumier P, Schwartz S, Verdon V, Maravita A, Hutton C, Husain M, Driver J (2008) Abnormal attentional modulation of retinotopic cortex in parietal patients with spatial neglect. Current Biology 18:1525-1529.

Walker R, Findlay JM, Young AW, Welch J (1991) Disentangling neglect and hemianopia. Neuropsychologia 29:1019-1027.

L'AUTORE

Paolo Bartolomeo è professore ordinario di Neuropsicologia e Neuroscienze Cognitive presso l'Università Cattolica del Sacro Cuore a Milano e Direttore di Ricerca presso l'Inserm (l'istituto statale di ricerca biomedica francese) al Brain and Spine Institute, nell'ospedale universitario Pitié-Salpêtrière a Parigi, dove dirige un gruppo di ricerca sui meccanismi dell'attenzione umana e le loro patologie nelle malattie neurologiche.